Marion Jana Goeritz

Herzanker

Bibliografische Information der Deutschen Nationalbibliothek:

Die Deutsche Nationalbibliothek verzeichnet diese Publikation in der Deutschen Nationalbibliografie; detaillierte bibliografische Daten sind im Internet über http://dnb.dnb.de abrufbar.

© 2016 Marion Jana Goeritz

Coverbild: Marion Jana Goeritz

Herstellung und Verlag: BoD – Books on Demand, Norderstedt

ISBN: 978-3-7392-3482-3

Herzlich Willkommen liebe Leser,

ein Buch mit Texten, welche facettenreich vom Leben erzählen.
Von guten, auch von weniger guten Stunden, die leider, doch auch einmal zum Leben gehören. Bei einem Menschen mehr, bei einem anderen weniger.
Trotzdem wünsche ich Ihnen Lesevergnügen.

Herzlichst
Marion Jana Goeritz

Wolkenberge
ziehen grau am Himmel
türmen auf
was ich nicht brauch
schieben es so weit zur Seite
Seelenmann was tust du auch

Räuberleiter
zu meinem Herzen
Seelenmann
was hast du getan

Fallende Träume
werden im Neuland
an die Wand geheftet
wo hast du diese Farben her
weiß ich gar nicht mehr
Erinnerungen

Fragende Bilder
Menschenmeer
auf Leinwand bunt gemalt
Menschen machen Herzen auf
wie Seelenmann es tat

Aquise Herz
Guten Tag
haben sie schon
einen Seelenmann
lachen sie nicht
und schauen sie mich
bitte nicht so an
ich glaube
ich ja
ich weiß es nur nicht
doch was kann ich tun
wenn er nicht mit mir spricht

11

Seelengeschenke
Mensch

Grünes Blattwerk
kriecht hinauf
an Wänden alt und leer
geben Hoffnung
Stein um Stein
doch keiner sieht es mehr

Klostergedanken
abgegeben
hoffentlich nicht zu früh

Verschlossenheit
im offenen Raum
fühlt nun auch
es ist kein Traum

Die erste Brücke des Lebens
ist gewollt

Offene Wand
Tür verschlossen
Seelenmann ist verdrossen

Kurs Korrektur
nicht einfach
aber befreiend

Flugstern in der Nacht
erleuchtet hell die Sinne
erkannte nicht den Tag
noch nichts
brach durch die Stille

Fragende Stimmen
Tag und Nacht
Lösung ist doch angedacht
Seelenmann spreche geschwind
erzähle mir von deinem Kind

Coole Fassade
ups Pappmaschee
ach jetzt
lass ich sie auch noch fallen
tut mir leid
hebst du sie dir selber auf
mach doch bitte
deinen Mund wieder zu
entschuldige bitte
vielleicht wolltest du ja wirklich
etwas sagen
dann sprich doch bitte
oder eben nicht
ich habe so gar keine Lust mehr
auf Spielchen

Frauenmantel
Eisenhut
was möchtest du

In jeden Fall
wird es so sein
wie ich es mir nie
erträumt habe

Affenzirkus
Wut entbrannt
stressfrei geht wohl anders
Seelenmann es ist vorbei
ich schaue jetzt wo anders

Fragende Gesichter
ich male sie nicht mehr
nicht heute
Pausenclown

Schlossgemach leer
der König wird saniert
kann sich das Land
dies leisten

Lege ab die Wahrheit heut
ich lüge mich ins Bett
und schlafe ich in Ruhe ein
dann wäre es wirklich nett
ich träume mich
nun in die Nacht
und fühle einen Mann
er ist so schön
wie keiner sonst
doch was ist wirklich dran
nichts

Deine Angst auf der Stirn
ich kann sie noch nicht sehen
als zweite Wahl
ist das wohl so
ich möchte lieber gehen

Rennbahn
wilde Pferde
treiben es zu bunt

Stilles Land
wo Honig fließt
wo Blumen mich begrüßen
ich sehn mich so
nach deiner Hand
sie kann mich doch genießen

Der Reim des Lebens
der Gesang der Tiere
genießen wir die Liebe

Weites Land in meiner Seele
suchte Rancher
ohne Pläne
doch wie mir
das dann so bewusst
fühlte ich schnell
das ich etwas ändern muss

Ich musste lernen
zu warten
aber ich hatte Geduld
dachte ich
bis zu dem Tag
an dem ich ihm sagte
ich liebe dich nicht

Winter in den Gefühlen
Winter dem Herzen nah
schneeweiß sah die Königin
doch sie ist nicht mehr da
erfroren im Eis
ganz allein
keiner liebte sie
in ihrem Heim
das so kalt und einsam war
starb sie zu früh
an ihrem Grab
nur einer stehen konnte
der den Tränen nah
der andere in der Ferne
sah
ihr Herz zu spät
das doch nur so traurig war

Rauch im Frieden
ist kein Feuer
aber
es ist ein Zeichen wohl
Rauch in Frieden
gibt es immer
beilegt
Seelenlohn

Eine Messe für die Seele
die sich immer feiern lies
doch der Wandel
eines Lebens
keinen wirklich sterben lies

In der Welten großen Seele
findet sich die Liebe ein
wann
das wird die Zeit noch zeigen
dann ist niemand mehr allein

Schweigende Leere
stilles Weinen
Vertrauen so schwer
wenn
einer meint
er liebt dich nicht mehr

Manchmal
weiß ich nicht mehr
was richtig ist
manchmal
weiß ich nicht mehr
ob du es bist
manchmal
weiß ich nicht mehr weiter
manchmal
ist das Leben schwer
manchmal
frage ich mich warum
manchmal
weine ich
und weiß auch warum
manchmal
lach ich durch den Tag

manchmal
war eben
so schön war das

In der Nacht
kommt die Lust
Liebesmüh verschlossen
doch ich öffne diese Tür
denn
ich möchte hoffen

Du
bist nicht irgendwer
du
wundervoller Mensch
mit einer liebenswerten Seele
Seelenmann

Deine Angst
pack sie ein
in ein Schnürpaket
und wenn
du sie zur Post dann trägst
fühlst du schon
das es dir viel besser geht
doch sende
sie nicht zu mir
frag vorher nach
das rat ich dir

Warum so reuevoll
weil ich Gefühle zeigte

Auf jeden Fall alles
was auch immer
Auf jeden Fall
kein Frauenzimmer
eine die spricht
und auch schläft
eine
bei der die Liebe zählt
ich hätte
da eine für dich in Sicht
die willst du nicht
dann eben nicht

Geschlossen Gesellschaft
„Gedankenkreis"
Gefühlsduselei vertagt

Es summt
der Mann um Frau herum
die Frau doch möchte mehr
es summt
der Mann um Frau herum
die Frau doch
möchte nicht mehr
es war ein Summen
jetzt ein Brummen

Zuckermund
braucht Wahrheit

Bühnenluft geschnuppert
und nie wieder vergessen
heute
auf dem Weg zum Genie

Ferne Zeit
warst mir einmal
so nah
ferne Zeit
wann
bist du mir nah

Geträumtes Leben
im Land der Zweifel
lassen mich hören
Worte der Liebe
Worte der Freundschaft
Worte des Niederen
doch meine Gefühle
ich schreib sie nur auf

Wenn meine Angst
mich frisst
dann bist du nicht mehr

ich sehe dich
mit der Angst umschlungen
denn
du bist nicht da
doch
ich fühl Liebe

Treffpunkt
Positiver Wandel

Schriftliches Zeugnis
einer Liebe
verschwamm an grauen Tagen
der Ring an ihrem Finger
er saß schon einmal locker
doch war er ihr wichtig
so kämpfte sie
mit ihm zusammen
heute hat sie keine Lust mehr
zu kämpfen
sie sah ihre Angst
in ihren Augen
und Vertrauen erwachte
das sie über sie wachen
die Guten im Himmel

Schlecht geliebt
ist eine Tragödie
für die niemand
Eintritt zahlen sollte

Ich glaube
ich habe eine Affinität
für dich entwickelt
wie Haydn
für Mozarts Werke

Der Rebell
deines Herzens
sitzt
in deinem Kopf

Viel
zu viele Blicke
viel
zu viel Gefühl
viel
zu viel Liebe
viel
zu viel riskiert
habe ich
habe ich nicht

Smaragdgrüne Augen
ein Lächeln
auf dem Gesicht
Haarsträhnen
fallen auf ihr Augenlicht
dabei
sah sie so klar

Mysterium Gefühle
unter der Haut
bahnen sie sich ihren Weg
damit keiner sie so sieht

Ein weißer Fleck
an ihrem Finger
verloren gegangen

Deine Hand
sucht nach mir
sie greift
nach ihrem Gefühl
dabei
sehe ich nicht nur
deine Seele

Warum
fühle ich nicht
wieso
sehe ich nur
Warum
fühle ich nur
wieso
sehe ich nicht

Herzen
wandern in der Nacht
zum Mondschein helles Licht
was sie wünschen sich allein
erkennt der Mond nur nicht
er fängt die Strahlen
in der Nacht
der runden gelben Sonne
am Abend jedoch
tut er so
als wäre er eine Wonne

Brauchbare Fallen
schmerzen deiner Seele selbst

Was glasklar schien
ist nun
sehr verwaschen
was ich glaubte
ist nun wahr
ich weiß es nicht
und du

67

Von Marion Jana Goeritz ebenfalls beim Verlag
BoD erschienen (BoD Books on Demand, Norderstedt, nähere Informationen finden Sie unter
www.BoD.de)

„Liebe für die Seele Band 1"
ISBN 978-3-7357-4045-8

„Liebe für die Seele Band 2"
ISBN 978-3-7357-7734-8

„Seelenweiß"
ISBN 978-3-7347-5769-3

„Seelen essen Liebe gern"
ISBN 978-3-7347-8706-5

„SeelenEngel" ein spiritueller Erfahrungsbericht
ISBN 978-3-7386-2588-2

„SeelenSchlüssel"
ISBH 978-3-7386-3844-8

„Seelenfarben"
ISBN 978-3-7386-3947-6

„Seelenschimmer"
ISBN 978-3-7386-4014-4

„Seelenfinden"
ISBN 978-3-7386-4037-3

„Ein Gefühl meiner Seele"
ISBN 978-3-7386-1506-7

„Seelenfrieden" Danken, Bitten, Entspannung
ein persönlicher Erfahrungsbericht
ISBN: 978-3-7386-4884-3

„Seelenweihnacht"

ISBN: 978-3-7386-5616-9

„Im Land unter dem Regenbogen" Wunderbare Märchen und unglaubliche Geschichten

ISBN: 978-3-7392-0115-3

„Freddy und seine Geschichten"

ISBN: 978-3-7386-3321-4

„SeelenWorte"

ISBN: 978-3-7392-0455-0

Weitere Informationen zu Neuerscheinungen finden Sie immer auf meiner Seite

www.buchkaleidoskop.Reikipraxis-Goeritz.de